# BEI GRIN MACHT SICH IHR WISSEN BEZAHLT

- Wir veröffentlichen Ihre Hausarbeit, Bachelor- und Masterarbeit

- Ihr eigenes eBook und Buch - weltweit in allen wichtigen Shops

- Verdienen Sie an jedem Verkauf

Jetzt bei www.GRIN.com hochladen und kostenlos publizieren

Carsten Freitag

# Zur PISA-E-Folgestudie. Die Bundesländer im internationalen Vergleich

## Ergebnisse und Erklärungsansätze

GRIN Verlag

**Bibliografische Information der Deutschen Nationalbibliothek:**

Die Deutsche Bibliothek verzeichnet diese Publikation in der Deutschen National-
bibliografie; detaillierte bibliografische Daten sind im Internet über http://dnb.d-
nb.de/ abrufbar.

**Impressum:**

Copyright © 2003 GRIN Verlag GmbH
Druck und Bindung: Books on Demand GmbH, Norderstedt Germany
ISBN: 978-3-640-88553-4

**Dieses Buch bei GRIN:**

http://www.grin.com/de/e-book/44202/zur-pisa-e-folgestudie-die-bundeslaender-
im-internationalen-vergleich

**GRIN - Your knowledge has value**

Der GRIN Verlag publiziert seit 1998 wissenschaftliche Arbeiten von Studenten, Hochschullehrern und anderen Akademikern als eBook und gedrucktes Buch. Die Verlagswebsite www.grin.com ist die ideale Plattform zur Veröffentlichung von Hausarbeiten, Abschlussarbeiten, wissenschaftlichen Aufsätzen, Dissertationen und Fachbüchern.

**Besuchen Sie uns im Internet:**

http://www.grin.com/

http://www.facebook.com/grincom

http://www.twitter.com/grin_com

Carsten Freitag
Politikwissenschaften
Jahrgang 2000

# Die PISA-E-Folgestudie.

# Die Bundesländer im internationalen Vergleich.

# Ergebnisse und Erklärungsansätze.

Literaturbericht

Ausgewählte Probleme der Bildungs- und Erziehungssoziologie

23.941

# 1. Einleitung und Fragestellung

Dieser Literaturbericht befasst sich mit der PISA-E Studie, insbesondere mit dem Vergleich der deutschen Bundesländer. Betrachtet werden das Kapitel 3 ‚Ländervergleich zur Lesekompetenz', sowie das Kapitel 6 ‚Familiäre Lebensverhältnisse, Bildungsbeteiligung und Kompetenzerwerb im nationalen Vergleich'.

Die PISA-E-Folgestudie untersuchte die Lesekompetenz von Schülern im Sekundarbereich zwei. Im vielbeachteten ersten Teil der internationalen Studie wurden Kompetenzen von Schülern aus verschiedenen OECD-Mitgliedsländern international verglichen. In der Folgestudie wurden nun im nationalen Bereich Schüler aus verschiedenen Bundesländern so getestet, dass die Ergebnisse auch international vergleichbar sind.

Ziel dieses Literaturberichtes ist es, im ersten Teil, ausgewählte Ergebnisse der Studie zusammenzufassen und sich im zweiten Teil möglichen Erklärungen zu nähern. Der erste Hauptabschnitt des Literaturberichtes befasst sich mit der Lesekompetenz, ihrer Bedeutung, den Messmethoden der Studie und den Befunden.

Im zweiten Abschnitt wird anhand der Studie ein Blick auf mögliche Ursachen gerichtet. Dazu werden Sozialschichtzugehörigkeit, Bildungsbeteiligung und Migrationsursachen betrachtet.

In der Schlussbetrachtung werden die zusammengefassten Ergebnisse reflektiert und nach möglichen Zusammenhängen gesucht.

# 2. Hauptteil

## 2.1 Lesekompetenz im Ländervergleich

Betrachtet man die Rahmenbedingungen unter denen Bildung in Deutschland stattfindet, so sind bei einem Ländervergleich untereinander insbesondere mögliche regionale Unterschiede von Bedeutung. Zwei Bereiche müssen unbedingt in Betracht gezogen werden. Zum einen sind hier die unterschiedlichen Bildungstraditionen, insbesondere in Ost- und Westdeutschland zu nennen, deren vitale Präsenz nicht unterschätzt werden darf. Solche Vorstellungen sind zwar selten sehr präzise, dennoch haben sie oft eine große Wirkung. So lebt in den ostdeutschen Ländern die

Idee der DDR-Einheitschule mit ihren Grundsätzen wie „Alle zusammenhalten –
keinen zurücklassen"[1] weiter.[2]

Zum anderen gibt es Unterschiede die bereits sehr lange bestehen. Dazu
zählen regionale, kulturelle und strukturelle Unterschiede. Die Bildungsbeteiligung an
weiterführenden Schulen ist ein Merkmal, in dem sich diese Unterschiede
ausdrücken. Die Hauptschule konnte in den neuen Ländern nicht richtig etabliert
werden, da der Mindestabschluss in bürgerlichen Kreisen traditionell die
Polytechnische Oberschule war. So erklärt sich auch die hohe Zahl an Realschülern
in Ostdeutschland.[3]

Betrachtet man die Gymnasien und die Beteiligung dort, so erhält man relativ
gering schwankende Prozentzahlen zwischen 25 und 34 in allen Bundesländern.
Dies zeigt das politisch gewollte Selektivität kaum wirksam ist. Generell zeigen diese
Beispiele, dass regionale Unterschiede struktureller und kultureller Art einen
erheblichen Einfluss auf die Bildungswirklichkeit in Deutschland haben.[4]

## 2.1.1 Lesen als Kompetenz

In der internationalen PISA-Studie der OECD wurde im Schwerpunkt die
Lesekompetenz getestet. Der nationale Vergleich zielt ebenfalls auf diese
Kompetenz und benutzt dabei die gleiche Metrik, so dass ein direkter Vergleich
zwischen den Bundesländern und anderen Staaten möglich ist.[5]

Lesen ist eine Basiskompetenz. Es dient als fast unverzichtbares Werkzeug
zur Aneignung von Wissen und Fähigkeiten. Aufgrund der Notwenigkeit lebenslang
zu lernen und der steigenden Bedeutung schriftlich niedergelegter Informationen in
nahezu allen Bereichen der Gesellschaft, ist eine geringe Lesefähigkeit als ein
erheblicher Nachteil für jeden Menschen zu werten.[6]

Die Forscher der PISA-Studie definieren Lesekompetenz nicht als passive
Aufnahme von Informationen, sondern als aktive Konstruktionsleistung, d.h. der Text
muss verstanden und interpretiert werden. Viele der beim Lesen stattfindenden
Teilprozesse finden automatisch statt. Das Verstehen von Kontexten benötigt
hingegen eine bewusste Denkleistung. Dazu sind „ (...) kognitive Grundfähigkeiten,
Sprach-, Welt- und inhaltliches Vorwissen, strategische Kompetenz [sowie] (...)

---

[1] Zitiert nach: Baumert, u.a. (Hrsg.): PISA-E-Folgestudie, Opladen 2003, S. 49
[2] Vgl. Baumert, u.a. (Hrsg.): PISA-E-Folgestudie, Opladen 2003, S. 49
[3] Vgl. ebd., S. 49 ff.
[4] Vgl. ebd., S. 51 ff.
[5] Vgl. ebd., S. 55

5

Werteorientierungen und Interessen (...)"[7] von Nöten. Beherrscht ein Mensch diese Fähigkeiten nur unzureichend, so bemerkt er seine Schwäche oft nicht, da schwierige Textpassagen gern überlesen werden.[8]

### 2.1.2 Aufbau der Tests und Kompetenzstufen

Die internationale PISA-Studie wurde in Australien entwickelt. Daher ist der Studie ein, traditionell angloamerikanisches, funktionalistisch orientiertes Grundbildungsverständnis zugrundegelegt worden. Kompetenzen wie die Lesekompetenz werden demnach als basale Kulturwerkzeuge betrachtet. Im Mittelpunkt der Betrachtung steht die Fähigkeit des einzelnen, mittels seiner Lesekompetenz, sich weiterzuentwickeln und am gesellschaftlichen Leben teilzunehmen.[9]

Um diesem Grundverständnis gerecht zu werden, wurde eine möglichst große Anzahl von verschiedenen Lesesituationen einbezogen. Testaufgaben mit zu formulierenden Antworten waren mit 25 Prozent häufig vertreten. Bei 70 Prozent der Aufgaben mussten Informationen gefiltert und Zusammenhänge hergestellt werden.[10]

Bei der Bewertung wurden fünf Kompetenzstufen unterschieden. Stufe I steht für ein oberflächliches Verständnis einfacher Texte, Stufe V setzt die flexible Nutzung unvertrauter, komplexer Texte voraus.[11]

Der niedrigsten und der höchsten Kompetenzstufe kommt besondere Bedeutung zu. Schüler der Kompetenzstufe V zeichnen sich durch weit überdurchschnittliche Leistungen aus, sie können als „Leseexperten"[12] bezeichnet werden. Im unteren Leistungsniveau sind die Ergebnisse besorgniserregend, da es auch Schüler gibt, die nicht die Kompetenzstufe I erreichen. Diese Schüler stellen eine Risikogruppe dar, da ihnen selbst das Verständnis einfachster Texte Probleme bereitet.[13]

### 2.1.3 Befunde

Die Ergebnisse der PISA-E-Folgestudie sind umfangreich und differenziert, daher kann hier nur ein auszugsweiser Überblick über die Befunde gegeben werden.

---

[6] Vgl. ebd., S. 56
[7] Ebd., S. 57
[8] Vgl. ebd., S. 56 ff.
[9] Vgl. ebd., S. 58
[10] Vgl. ebd., S. 59
[11] Vgl. ebd., S. 60 ff.
[12] Ebd., S. 62

Bereits bei den zusammengefassten Mittelwerten der Bundesländer zeichnen sich bedeutende Unterschiede ab. Wie bereits aus der internationalen Studie bekannt ist, liegt Deutschlands Gesamtdurchschnitt deutlich unter dem der OECD. Über den OECD-Schnitt schafft es mit Bayern (durchschnittlich Kompetenzstufe III) nur ein deutsches Bundesland. Bremen (durchschnittlich Kompetenzstufe II) dagegen liegt fast eine ganze Kompetenzstufe darunter.[14]

Bei der Leistungsverteilung ergeben sich zwei unterschiedliche Bilder. Im unteren Leistungsbereich schneiden alle Bundesländer im internationalen Vergleich schlecht ab, d.h. die 5 Prozent leistungsschwächsten Schüler in den deutschen Ländern sind deutlich schlechter als die international gleichaltrigen. Im Spitzenbereich sieht die Lage anders aus. Während in Deutschland insgesamt kaum Spitzenleistungen erreicht werden, können die herausragenden Schüler in Nordrhein-Westfalen, Bayern und Baden-Württemberg international mithalten.[15]

Der große Leistungsunterschied in Deutschland wird auch durch die neue Studie bestätigt. „(...) [Der] Abstand zwischen den 5 Prozent leitungsschwächsten und den 5 Prozent leistungsstärksten Schülern [ist] in Deutschland im internationalen Vergleich am größten."[16] Auch hier sind wieder die Extremgruppen interessant. Bei schwachen Lesern haben fast alle Bundesländer eine hohe Quote, auch an potenziellen Risikoschülern, lediglich Bayern schafft es knapp über den OECD-Schnitt. Im oberen Leistungsbereich ist das Ergebnis differenzierter, während Bayern, Baden-Württemberg, Nordrhein-Westfalen und Rheinland-Pfalz mit ca. 10 Prozent in Kompetenzstufe V relativ gut abschneiden, bewegen sich Brandenburg und Sachsen-Anhalt am unteren Ende der Skala.[17]

## 2.2 Lebensverhältnisse und Umweltbedingungen

Welche Erklärungsmöglichkeiten gibt es für die zum Teil sehr unterschiedlichen Ergebnisse der Bundesländer? Die PISA-E-Folgestudie ermöglicht durch ihren Datenbestand die empirische Evaluation von Sozialschichtzugehörigkeit und Bildungsbeteiligung. Nachfolgend werden die Ergebnisse der Forschungsgruppe zusammengefasst.

---

[13] Vgl. ebd., S. 61 ff.
[14] Vgl. ebd., S. 62 ff.
[15] Vgl. ebd., S. 66
[16] Ebd., S. 69
[17] Vgl. ebd., S. 69 ff.

## 2.2.1 Schichtzugehörigkeit und Bildungsbeteiligung

Im Idealfall sollte jedes Kind, gleich welchen Hintergrundes, die gleichen Chancen zur Bildungsbeteiligung haben. Eine dorthin führende Entwicklung ist erkennbar, jedoch bestehen heute noch teilweise starke soziale Disparitäten. Zu unterscheiden ist zwischen primären und sekundären sozialen Ungleichheiten. Primäre Ungleichheiten sind z.B. die unterschiedlichen bis zum Übergang in die Sekundarstufe II erworbenen Kompetenzen. Auch hier kann die soziale Herkunft eine Rolle spielen. „Als sekundäre Ungleichheiten [zu] bezeichnen [sind] (...) soziale Disparitäten, die bei gleichen Kompetenzen aus einem je nach sozialer Lage der Familie unterschiedlichen Entscheidungsverhalten entstehen."[18] Eine Rolle spielen dabei Statuserhalt, Kosten-Nutzen-Relationen und Erfolgserwartungen. Die sekundären sozialen Disparitäten können als Indikator für die Bildungsgerechtigkeit genutzt werden und werden daher besonders betrachtet.[19]

Untersucht wurden die Chancen von Schülern, aus unterschiedlichen Sozialschichten, ein Gymnasium zu besuchen. Als Referenz wurde die Klasse der Facharbeiter gewählt. Danach ist in Deutschland insgesamt die Chance eines Kindes aus der Oberschicht ein Gymnasium zu besuchen 6-mal so groß wie die eines Arbeiterkindes.[20]

Zwischen den Bundesländern gibt es mehrere Auffälligkeiten. Zum einen sind die Chancen in den neuen Ländern weit weniger von der sozialen Schicht abhängig als im Westen. Zum anderen weisen auch die westlichen Bundesländer starke Unterschiede auf. Besonders groß ist die Begünstigung von Kindern der Oberschicht in Bayern, Rheinland-Pfalz und Schleswig-Holstein, sowie in den meisten Großstädten. Zwar gingen in die Berechnungen auch primäre Disparitäten ein, doch auch unter Kontrolle der bereits erworbenen Kompetenzen ergibt sich ein Bild zum Teil starker schichtabhängiger Ungleichheit.[21]

Worauf lassen sich diese regionalen Unterschiede zurückführen? In Frage kommen Unterschiede in der kulturellen Tradition und strukturelle Merkmale des Bildungsangebots. Unterschiede in der Migrationsgeschichte kommen kaum zum Tragen, vielmehr sind die Chancen von Kindern aus Zuwandererfamilien weniger schichtabhängig als die aus Familien ohne Migrationshintergrund. Ergebnis der

---

[18] Ebd., S. 163
[19] Vgl. ebd., S. 163 ff.
[20] Vgl. ebd., S. 165 ff.
[21] Vgl. ebd., S. 168 ff.

Untersuchung ist, dass beide Faktoren einen sich addierenden Einfluss auf die sozialen Disparitäten haben.[22]

## 2.2.2 Soziale Herkunft und erworbene Kompetenzen

Unterschiedliche Schulformen beeinflussen den Kompetenzerwerb in unterschiedlicher Weise. Es stellt sich die Frage, ob das gegliederte Schulsystem, im Bezug auf die sozialen Disparitäten, ausgleichend oder verstärkend wirkt. Betrachtet man die Testleistungen mit Blick auf die Sozialschichten und deren Beteiligung an den verschiedenen Schulformen, wird klar, dass die unterschiedlichen Schulformen die Unterschiede die aus der Sozialschicht resultieren, nur noch verstärken.[23]

Regionale Unterschiede spielen ebenfalls eine Rolle. Bei der Betrachtung der Sozialschichten fällt auf, dass in Bayern fast 50 Prozent den oberen Schichten angehören. In den neuen Bundesländern beläuft sich dieser Anteil nur auf 30 Prozent. Der mittlere Sozialschichtindex ist in allen Ländern annähernd gleich, somit sind die Länder dementsprechend vergleichbar. Die Niveauunterschiede zwischen Kindern aus der Arbeiterschicht und Kindern aus den oberen Schichten sind weiterhin erheblich, teilweise eine komplette Kompetenzstufe.[24]

Die Forscher stellten sich daraufhin die Frage, ob es einen Zusammenhang zwischen Migration und den Ergebnissen gibt. Kinder ohne Migrationshintergrund erreichen zwar im Schnitt bessere Leseergebnisse, ein genereller Zusammenhang ist jedoch nicht feststellbar. Vielmehr verringert sich bei Kindern mit Migrationshintergrund der Zusammenhang zwischen Sozialschichtzugehörigkeit und Kompetenzerwerb.[25]

Zur Verdeutlichung des Zusammenhangs zwischen sozialer Herkunft und der Lesekompetenz wurde ein „sozialer Gradient der Lesekompetenz" berechnet. Anschaulich wird dadurch wie variabel die existierenden Verhältnisse in Deutschland sind und wo die Koppelung besonders stark ist. Während sich in anderen Staaten der Zusammenhang gelockert hat, ist in Deutschland insgesamt keine Lockerung feststellbar, der soziale Status der Familie des Kindes hat einen ungewöhnlich starken Einfluss. Insgesamt muss festgehalten werden, dass ein

---

[22] Vgl. ebd., S. 170 ff.
[23] Vgl. ebd., S. 174 ff.
[24] Vgl. ebd., S. 176 ff.
[25] Vgl. ebd., S. 177 ff.

überdurchschnittliches Niveau eines Landes innerhalb Deutschlands, international nur Mittelmass bedeutet.[26]

## 2.2.3 Soziale Disparitäten

„Sekundäre soziale Disparitäten der Bildungsbeteiligung und soziale Ungleichheiten im Kompetenzerwerb stehen nach der Analyse der Länderdaten in einem substanziellen Zusammenhang."[27] Eine Öffnung der weiterführenden Schulen würde jedoch nicht automatisch zu sozial ausgeglichenen Verhältnissen führen. Es gibt Länder, wie z.b. Nordrhein-Westfalen, in denen das Entscheidungsverhalten der Eltern kaum eine Rolle spielt, jedoch die Schichtabhängigkeit trotzdem hoch ist. Bei Erklärungsansätzen steht das sozialstrukturelle Niveau der Länder und damit die kulturelle Differenz an erster Stelle. Die bereits angesprochenen Bildungstraditionen erscheinen hier relevant. Ein weiteres Merkmal ist der Urbanisierungsgrad eines Bundeslandes. Zwar expandieren dort die Gymnasien, dies geht aber mit einer weiter auseinanderklaffenden Schere beim Kompetenzerwerb einher.[28]

Es wurde bereits festgestellt, dass Migrationshintergründe keine signifikanten Auswirkungen beim Erwerb von Lesekompetenz produzieren. Zu beachten ist jedoch, dass Zuwanderung mit starker Tendenz einen Unterschichtungsprozess darstellt. Dieser Prozess hat dann wiederum Einfluss auf die Sozialschichtabhängigkeit von Bildung in den Bundesländern. Erwähnenswert ist hier die Tatsache, dass Migration für die Länder unterschiedlich stattgefunden hat und noch stattfindet. Es schwankt nicht nur der Anteil der Familien mit Migrationshintergrund (14 Prozent in Schleswig-Holstein, 40 Prozent in Bremen), sondern auch die Herkunft und die mitgebrachten Fähigkeiten der Zuwanderer. Dementsprechend ist die Schulbevölkerung teilweise vollkommen unterschiedlich zusammengesetzt.[29]

## 3. Schlussbetrachtung

Deutschlands Bildungssystem steckt in der Krise. Die PISA-E-Folgestudie hilft, die Ursachen für das schlechte internationale Abschneiden deutscher Schüler besser zu verstehen. Durch das Aufzeigen der Unterschiede zwischen den einzelnen

---

[26] Vgl. ebd., S. 181 ff.
[27] Ebd., S. 188
[28] Vgl. ebd., S. 185 ff.
[29] Vgl. ebd., S. 189

Bundesländern wird ein Beitrag zur Verbesserung der deutschen Schulbildung geleistet.

Insgesamt auffallend ist die Heterogenität der deutschen Bildungslandschaft. Kaum ein Problem ist überall gleich ausgeprägt, d.h. im Umkehrschluss, dass für die meisten Probleme eine allgemeine, übergreifende Lösung nicht in Sicht ist.

Bayern steht z.B. in fast allen Kategorien an der Spitze, zum einen bei der Lesekompetenz, zum anderen auch bei der Chancendisparität für Schüler. Weiterhin besitzt Bayern mit einem Oberschichtanteil von nahezu 50 Prozent eine vollkommen andere Grundlage als die meisten anderen Bundesländer.

Bremen als Schlusslicht in nahezu jeder Beziehung hat als Großstadt mit einem Anteil von 40 Prozent Migrationsfamilien andere Probleme als z.b. Schleswig-Holstein oder Rheinland-Pfalz.

Vielfach zeigen sich kulturelle und strukturelle Ursachen für die spezifischen Probleme der einzelnen Länder. Allgemein kann letztlich gesagt werden, dass das bestehende gegliederte Schulsystem soziale Disparitäten erheblich fördert.

Die Studie ist wissenschaftlich angelegt und liefert somit einen wissenschaftlich nachvollziehbaren Beitrag, weniger einen Beitrag zur politischen Diskussion um die bessere Bildungspolitik. Aufgezeigt und beschrieben werden die spezifischen Probleme verschiedener Ländergruppen. Eine Entscheidung für oder gegen eine bestimmte Bildungspolitik kann und soll nicht getroffen werden.

Die PISA-E-Folgestudie kann zu einem politisch-normativen Thema wie Chancengerechtigkeit oder Chancengleichheit keine Aussagen machen. Deshalb sollten ihre Ergebnisse auch nicht zur Rechtfertigung und Begründung von Parteipolitik herangezogen werden. Vielmehr bietet sich mit der Studie die Möglichkeit, mit Hilfe der konkreten Daten, Lösungsvorschläge zu den länderspezifischen Problemen zu entwickeln. Gelingt dies, so kann diese Studie ein wichtiger Grundstein für den Weg aus der Krise des deutschen Bildungssystems sein.

# 4. Literaturverzeichnis

Baumert, u.a. (Hrsg.): PISA-E-Folgestudie, Opladen 2003